AF599726

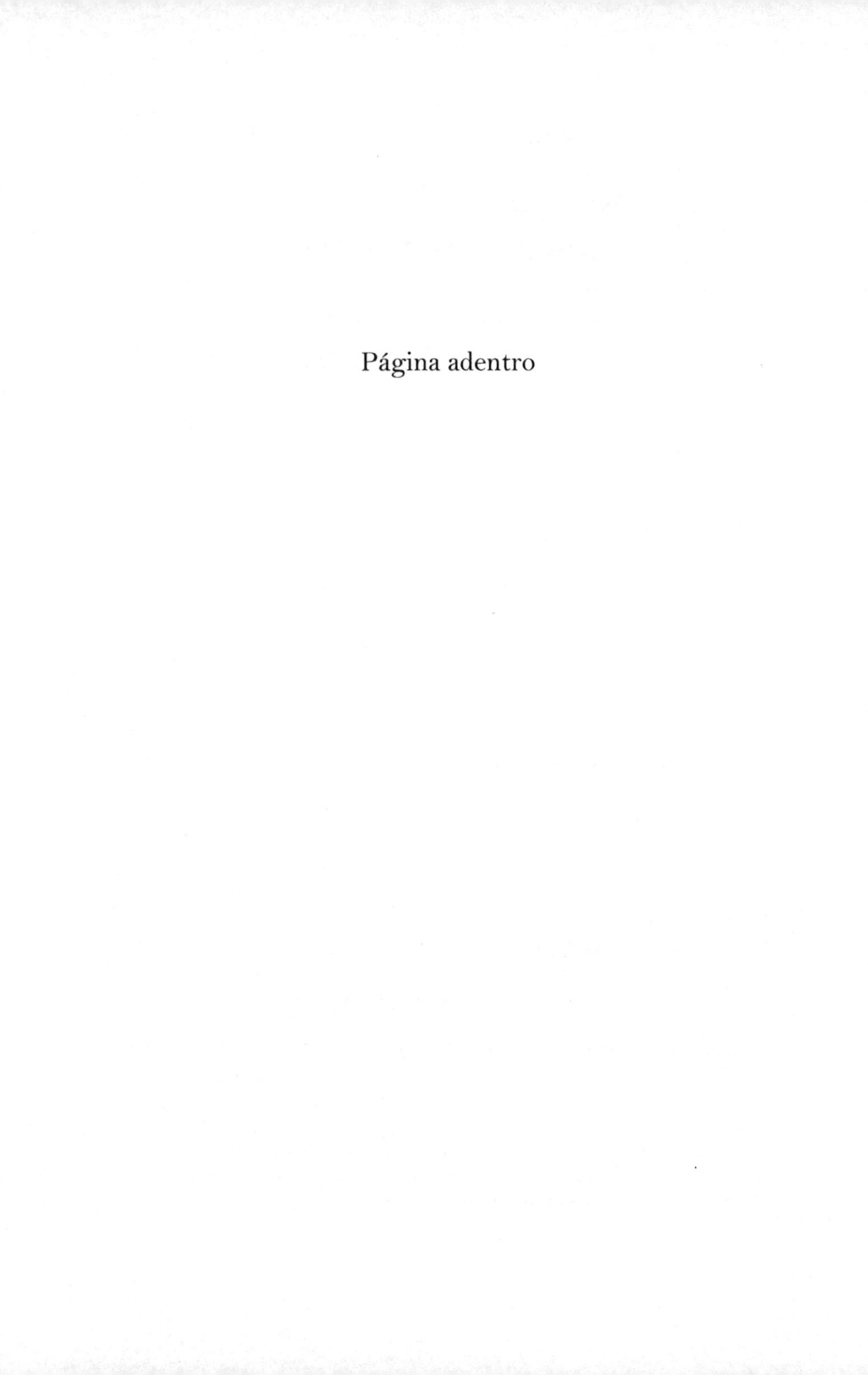

Página adentro

Este libro ha sido impreso con papel 100% reciclado.

lasturaediciones.com
info@lastura.es

Colección Alcalima, n.º 231
Dirige la colección: Isabel Miguel

Editado en Madrid, España.

Primera edición: abril, 2024

Depósito Legal: M-6137-2024
ISBN: 978-84-128333-2-4

Impreso en Antequera, Málaga (España)

Sofía Rhei

PÁGINA ADENTRO

Ilustrado por Pablo Gallo

Colección Alcalima de Poesía n.º 231

Dentro del cuerpo del ave que vuela
hay una historia que se escribe
brotando sin cesar de cada pluma
inmersa en sangre.

«Las grietas son aquello que permite que entre la luz».

Yalal ad-Din Muhammad Rumi

It requires the night around, it needs
to submerge at the deep heart of the darkness:
stars appear from the nocturnal slackness,
only the dirt brings forth the birth of seeds.

It requires a way out, it burst, exceeds
the limits of the skin; flow by the eyes
but it is not enough: a crack arises
and through the tears illumination bleeds.

There's trembling flames inside each body bark,
an overwhelming source who can ignite
the air: in each outbreak, a gleam, a spark.

I just need an incision, just a bite
to open me, to glow into the dark,

I beg to be phosphoric, liquid light.

Los tres cofres

Has de escoger entre tres cofres cerrados

El primero es translúcido, de ópalo.
Sólo parece tener dentro un pedazo de papel.

El segundo es rotundo y pesado.
Hay algo intensamente magnético alrededor suyo.

El tercero está engastado en una sortija.
No se sabe si la caja
es o no
la persona que la lleva.

Un lector se acerca a tres cajas, sin saber cuál de ellas
abrir.
En la primera hay un dolor que cura.
En la segunda, el sueño más fascinante del que es
capaz la noche.
En la tercera, un placebo o el olvido.

Las tres cajas son de papel.
El que conoce su contenido las agita para que el lector
sea capaz de oír su interior.
La primera no produce ningún ruido, pero siempre cae
en la misma posición.
La segunda suena como si tuviera dentro un ser vivo.
La tercera pronuncia una mentira muy hermosa.

Pero el lector no sabe decidirse.

Caja de yesca

La tinta no es superficial.
Se infiltra en las entrañas y se aferra a las fibras con
toda su alma,
hincándoles los dientes.

La tinta le duele al papel.

Por eso, lector, oyes
alternando ese ritmo inflexible de lo que temes
al contratiempo de lo que deseas.

Caja de Pandora

Una vez abierta la caja
(lo contrario de una trampa),
hay tanto que no se detiene en el borde de sus páginas,
tantas cosas que rozan al pasar
(indicaciones, premoniciones, pálpitos),
según van avanzado por el aire
sin saber si convertirse en otra cosa
su multitud se confunde con lo conocido.

Caja de resonancia

El alba del papel, la noche
de las profundidades de la tinta.

Atrapadas entre uno y otro borde,
todas las horas y todos los grises
se multiplican por letra y por signo.

Cada significado se supera a sí mismo,
amplificado en rabia por mezclarse.

Por ahondar en lo que tienen en común el vértigo y el arco de un violín

Las hojas se ordenan alrededor de las ramas
de la misma manera helicoide y aparentemente caótica
en que tú decides posar tus manos sobre la corteza.

Buscas dentro,
pero todo lo que nos sostiene está ahí fuera,
completamente expuesto a la intemperie.

Percusión y resonancia del primer roce de la tinta

Hay un eco que cala la piel blanca,
un sonido que cae despacio al lago.

La lentitud de su caída es su esencia,
su única materia.

Latido de la página

Su superficie es horizonte ahora.

Tu pulso es siempre el mismo,
dedos, ojos, calor, lo que revela,
tensión:
tus ojos son la piedra,
el centro de los círculos concéntricos.

Sus semillas beben de tu pulso para brotar.

Sólo si es agua
tu mirada
sedienta
brota la página.

La mano tocando el espejo se dobla sobre sí misma

pero lo que se ve sólo es la piel,
sólo destello,
otra mano que surge del espejo.

Si se tocan,
con la imagen se ondula y se estremece
por recoger los pliegues del entorno
en su curvado mundo,

el negro espejo de las manos tenso
sobre el espejo blanco de los ojos.

Sus entrañas están página adentro,
su cuerpo es disciplina de gimnasta,
contorsión táctica

(cada palabra simple es una torre
de la que brotan catalejos).

Las líneas se mezclan unas con otras, se desordenan enredando sus letras, llegando a hacer que una palabra o frase entera cambie de página cuando nadie la está leyendo.

A libro cerrado
los zarcillos se buscan y se exploran,
se palpan y se enganchan:

toda apertura arrastra
consecuencias.

Darle tiempo al tiempo como acto de canibalismo

Despacio,
tan despacio que se disuelve
toda capacidad de asombro,

lo que podía nombrarse pierde esa única palabra,
es devorado por las connotaciones y los sinónimos
        salvajes.

El uso es la moneda del tiempo,
pero el desuso tampoco salva
(vientre de las palabras,
llama retráctil).

Lector de cámara

Un animal salvaje
rastrea huellas que son manchas:
sólo comprende a medias
y sin embargo sabe, huele, enciende.

Abre en dos a su presa de un zarpazo.
Hunde el rostro en sus vísceras.
Escucha.

Elegida desde dentro,
la manera inaudita de buscar se vuelve
pura torpeza ávida,
siendo el tacto lo mismo que el desgarro.

Elegido desde fuera,
lo que requiere ser encontrado se expone al dolor.

¿Qué haría usted si le dieran un hacha y un piano?

Recordando a Joseph Beuys

Todo sucede dentro,
justo en el borde
(la llama cabe en muchas de sus formas,
se conserva en el pliegue).

Al desplegar el libro,
se oye el blanco chasquido de una cerilla negra.
El brote es el contraste.

El interior del lector

Sin saber si el reflejo de un destello es también un destello,
la chispa que ha cambiado de forma tantas veces,
que ha recorrido todos los canales del deslumbramiento,
escoge para descansar
otro comienzo.

El microclima lento de tus ojos
se enrarece y altera en la renuncia:

los infinitos colores del mundo
a cambio de los mecánicos
golpes
de contraste
del negro sobre la nada.

Toda simetría se separa lentamente de su espejo

Lo que sucede dentro es inquietante, especialmente
cuando no hay nadie más que pueda verlo.
Sus huellas también se quedan dentro,
pero se acaban convirtiendo en otra cosa
al encenderse a sí mismas.

Definición del lector como libro

Todo cuerpo es memoria
tantas veces
que cada cuerpo es guía de sí mismo,
mapa y doblez y tiempo hecho materia.

Toda memoria es envoltorio,
cada recuerdo herida en el olvido.

Derviche,
te envuelves en tu propia curva,
buscando mirar en tu pálida nuca
la constelación de manchas que te sugiera una respuesta.

Sin embargo, no eres tú quien abre el libro: el cuchillo está en sus páginas

Al cortarte has advertido que tu carne tiene la forma
de los anillos de un árbol,
años concéntricos buscando expandirse.

El futuro,
como siempre,
acaba infectando todos los núcleos.

Las raíces son forma de la sed:
manos como raíces entre las páginas.

Si hay que escoger
entre lo que solo existe en forma de vapor
y lo que alguna vez fue valioso para alguien,

si todo lo blanco es el brote, el huevo, la larva de algo,
si todo lo que es negro es ceniza de un pasado,

entonces solo puede escogerse
entre la cara o la cruz de una página,
donde el horizonte
es exactamente lo mismo que una anécdota.

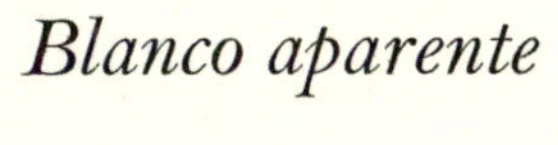
Blanco aparente

Dentro de un blanco panecillo,
la pálida princesa encuentra un deslumbrante anillo.

Pregunta por el misterioso panadero,
pero en el reinado de nieve de la harina
los reposteros no conocen sus nombres,
apenas se distinguen unos de otros.

Una variante del daltonismo impide distinguir el blanco del negro.
Quienes no lo padecen
ignoran el tormento
de aprender a leer mediante el roce.

El filamento de la bombilla
tiembla en helicoide mientras consume su resplandor.
No sabe si brillar con un poco más de intensidad
o prolongar su agonía luminosa.

La carne del papel,
el músculo de la página,
son la única certeza del libro.

Los negros frutos del invierno

Todos los lápices
esconden una cerilla.

La fase líquida de la tinta
contiene todo lo que es cierto y lo que es malvado.
Es sangre batida por un corazón infinitamente compuesto,
agua de un mar donde la sal duele en la lengua:
gotas de pensamiento condensado.

Una de las letras del alfabeto es en realidad un virus.
Desde cierto momento, su frecuencia en los textos ha
aumentado,
geométrica.

Definición de libro como lápiz

Tiene dos carnes bajo el esmalte:
la que estuvo viva solo existe para proteger a la otra.
Es destruida únicamente para que la otra se exponga.

La carne negra, aparentemente más dura,
es sin embargo tan quebradiza y tan titubeante
como los deseos de un pasado reciente.

Hay un tipo de erosión que tiene lugar contra el mundo,
otro se lleva por dentro.

¿Y si el cielo nocturno fuera del color de las estrellas
y las constelaciones
(trazos, símbolos, figuras)
del color de la noche?

Debería ser el blanco lo que quemara, sol reflejado en la nieve.

Deberían ser sus pétalos
los que se volvieran de luz al abrirlo.
Sin embargo, incidiendo
en ángulos desconocidos para la refracción,
la luz viene del negro.

(El espejo clavado en mitad del libro
le muestra a lo sucedido su reflejo.)

Oído interno

Hijo de una tensión y de un contacto,
el eco concéntrico,
cuyo total, ahora y antes,
es semejante a cada uno de sus fragmentos pasado y
futuros,
solo busca convertir la mitad del mundo en tensión,
la otra mitad del mundo en roce.

Si tratas las palabras como un simple instrumento
ellas harán lo mismo contigo

Pero si entiendes el lenguaje como materia…

La última cámara de la pirámide esconde una caracola marina

El explorador se la lleva al oído
y escucha las olas de hace cinco mil años.

Definición de cuerdas vocales como caleidoscopio

Un triángulo dentro de un cilindro que busca la luz.
Algo que vibra, encontrando la variación en el
movimiento.
Una cámara que no está dentro ni está fuera,
una pieza que pone en contacto la cámara oscura
con el vacío del mundo.

Sonido que es helio

Capaz de elevar el cuerpo entero,
a veces el globo del pecho
se llena de música.

¿Qué haría usted en un estado excepcional de calma?

Si de repente no hubiera ruido,
¿cómo se enfrentaría a esa ausencia,
a ese no estar seguro de los indicios?

Hay sonidos que nacen del silencio,
que brotan en lo más hondo de la calma
con toda la fuerza de un recuerdo soñado.

Puede que las ondas sonoras
también tengan cicatrices,
que esas diminutas huellas sean capaces de propagarse
capa tras capa
haciendo crecer su volumen imperceptible.

Sin ser lo bastante molestas como para herir la calma,
son lo bastante poderosas para acabar con ella.

Para poder percibirlo hay que capturarlo

Es necesario perder la escala
y tratar de olvidar que su tamaño
es infinitamente mayor que el tuyo.

Para poder capturarlo
tienes que fingir que no va a destrozarte.

Microcámaras

La cáscara se rasga
al contacto con el negro pico.

Las grietas extienden
un ideograma creciente
por todo el planeta.

Bajo el trabajo de la cal
los muros que nos sustentan son un catálogo de
imperfecciones,
de acabados mediocres, de huecos
con forma de polillas o de ratones.

El momento exacto en que las flores pierden su color al sumergirse en la grasa caliente que les roba el perfume

Denominar: dominar mediante el nombre.
No existe peor traición que la de aquello
que no se sabe si está fuera o dentro.
Los nombres acarician,
lamen el contorno interior de la piel con su lengua familiar y dorada,
pero su raíz puede ser arrasada sin previo aviso.

Una vez que una esencia es robada nada puede devolvérsela a la flor marchita.

La verdad está oculta en el bosque,
animal asediado por las fieras.

A su paso brotan las bayas más blancas,
las ardillas que nunca han robado,
los grandes osos de mirada honrada.

Pero allí donde ha pisado
los hongos brillan de esponjosa púrpura,
y hay escarabajos que destellan
venenosos
ojos verdes.

Sus ojos están cerrados, y el resto de su cuerpo parece dormido. Sin embargo, basta ponerle un papel bajo el bolígrafo que su mano sostiene constantemente para ver formarse las palabras:

Solo se alimentaba de luciérnagas para iluminarse por dentro,
lloraba de emoción imaginando el día en que la fueran a abrir.

En vez de operar, el cirujano mandó llamar a un cuarteto de cuerda.

El dolor tiene su nido cálido dentro,
hecho de fragmentos blandos y de restos arrancados.
Solo allí está el dolor completamente a salvo,
feliz de hallarse en casa,
protegido
del frío de roer y del desgaste.

El exterior de poema:
la oscuridad caliente de tu cuerpo.

La lucha de una idea por abrirse camino entre los ojos que se cierran de sueño

La luz no es más que una transparencia duplicada.
Tiene el irresistible poder de adherirse a cualquier cosa,
de transmitirle el virus de esa vulnerabilidad.
Solo en la paz oscura del sueño la mente se libera de
contemplarse a sí misma.
Lástima que los ojos
sean tan débiles
y no puedan renunciar a las rendijas.

«Regar un campo en el que no se sabe qué está plantado».
Ignacio Vleming

Víscera precaria (ese estremecimiento confinado a lo aparente):

El amor solo puede existir
como un joyero trabajando a bordo de un coche de caballos.

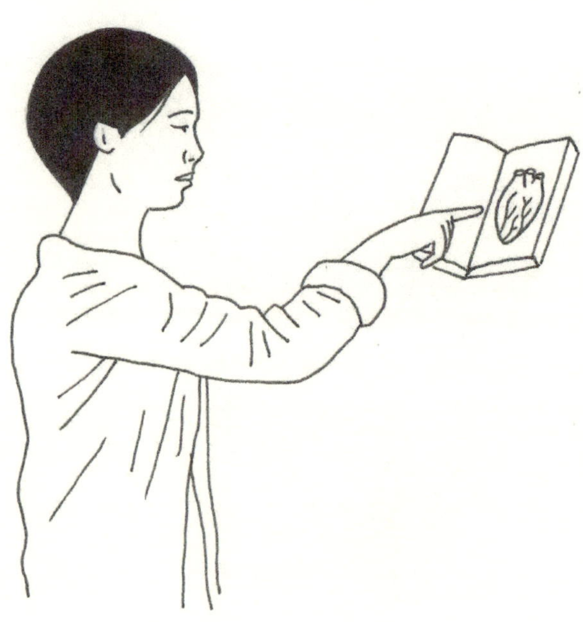

Adulto interior

Cuerpo hecho de rastros,
como una sal iluminada.
Nada más que las formas de la memoria.

Musa

Una pulsión aguda en la boca del estómago
te va dictando, corrigiendo:
esta palabra sí, duele bastante,
esta no tiene eco.

Si hay una musa diferente del dolor,
se trata de una maestra del disfraz.

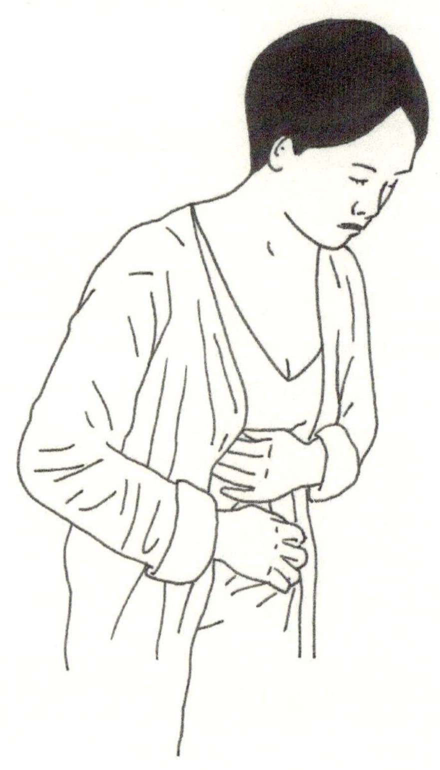

Inversión de la caverna

Dentro de los arbustos no hay hojas. No les llega la luz.
Por dentro están hechos de una oscuridad que sólo
sirve de puente para las ramas.

El insecto de dentro de la lámpara
proyecta una sombra difuminada en las paredes de la
habitación.

Un instinto devastador.
Una teoría con la estructura del crimen organizado.

Puede que la sospecha sea una derrota alcalina,
pero hay un síntoma eléctrico en sus aristas.

Este poema
tan solo puede ser escrito hoy.
Mañana serán otras
la configuración de las rutas límbicas,
la trayectoria de las sinapsis,
los hematomas habrán cambiado de color,
encontrando su propio crepúsculo
que evoluciona hacia dentro.

Mañana serás una
que nunca escribiría este poema.

En el mismo instante en que suceden las respuestas
las preguntas ya están lejos.
Todo lo que ha estado alguna vez a punto de convertirse
        en otra cosa
se acerca a una fuente de calor,
de ahí la curvatura de los rayos de luz:
su pauta es eternamente interrogativa.
Pero las preguntas se alejan a la velocidad de la
        curiosidad
abriendo un abismo entre su cuerpo maduro y cálido
y el de las frágiles respuestas,
cachorros recién nacidos.

Una ventaja del clima
es que dibuja a voluntad sus propios centros
(la geografía tiene intestinos de gemas y murciélagos).

La radiografía de una semilla muestra un árbol
Las líneas de la mano son una trayectoria genealógica
que se remonta hasta lo mineral.

Hay un clima que arde y otro que envuelve,
reencuentro de lo vivo y su historia.

Sección de nuez

Cada nueva capa que se añade a la memoria
trae un nuevo tipo de deformidad, de textura,
de sesgo translúcido.
Quién sabe si la memoria es rugosa
para que su exterior pueda ser liso.

Los ojos cerrados conservan herméticamente la posibilidad de ver.

Como una semilla que creciera hacia dentro,
un caleidoscopio es un embudo que recoge la simetría del mundo
(si pudiéramos mirarlo con los dos ojos,
sólo veríamos la mitad de las facetas).

Como una fruta que madurase inversamente,
el ojo encuentra los colores dentro de sí mismo:
la luz solo puede rozarlo
por dentro.

Adivinar el futuro por las vísceras de otros seres

En las pupilas de los ojos muertos
se queda impresa una imagen inquietante:
es una puerta cerrada.
Su pomo es un corazón sangrante, vivo.
Sólo puedes abrirla si lo aprietas,
pero al tocarlo
alguien grita
dentro.

El interior de la rapidez

A veces, al leer rápidamente una palabra*, se lee algo que no es exactamente lo que está escrito. A veces, en ese error habita una verdad profunda.

*Lo que atrae nuestra mirada como un imán siempre se está moviendo de alguna manera.

Frotas la cerilla contra la página del libro,

pero ninguno de los dos se enciende.
Pones el libro delante del espejo,
pero ninguno de los dos se encuentra a sí mismo.
Acercas la cerilla al espejo:
se ilumina una parte secreta del libro.

Medición:

Una partícula se acerca a otra.
Cambian los polos magnéticos del mundo.

Definición de los libros como globos oculares

Sí, cámara oscura. Necesitan
ser arrasados por la luz para comprenderla.
Su fondo es blanco, su parte útil negra.
Abrirlos es un estallido semántico de vida,
de comprensión.
Mientras descansan sueñan.

Si todo lo tangible fuera tan poroso a los deseos como un libro,

de las frutas brotarían cascadas de zumo fresco con solo mirarlas.

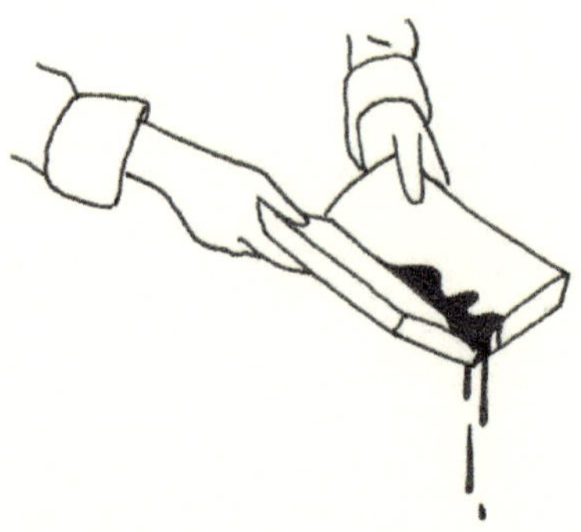

Autopsia

Es posible saber cuánto tiempo lleva vivo un libro
tomando muestras de sus larvas.
Hay que abrirlo con cuidado, tratando de capturar al
menos un ejemplar de cada tipo.
La captura solo puede llevarse a cabo
mediante la exposición de los ojos al foco.

Quelquefois je m'approchais pour observer ces boîtes qui se fendaient comme des huîtres et je découvrais la nudité de leurs organes intérieurs, des feuilles blêmes et moisies, légèrement boursouflées couvertes de veinules noires qui buvaient l'encre et sentaient le champignon.

Jean-Paul Sartre

En el cuerpo del libro
en tu regazo
la perla es el estigma.

Rembrandt van Rijn, 1655

Dentro del cuerpo del ave inmóvil las historias reposan. Por eso el ave sólo puede contarlas una vez en su vida, exactamente al final.

ÍNDICE

Los tres cofres.. 13

Lector de cámara 29

Blanco aparente.. 43

(fractura).. 55

Oído interno.. 57

Microcámaras.. 67

Esta primera edición de *Página adentro* de Sofía Rhei
terminó de imprimirse en Antequera (Málaga)
el 27 de abril de 2024, fecha en la que se
conmemora el Día Internacional del
Código Morse.

ÚLTIMOS TÍTULOS DE LA COLECCIÓN ALCALIMA

200. *República*, Jorge Ortiz Robla
201. *Las esquinas de la Luna*, Luisa Miñana
202. *Postludio*, Miguel Ángel Yusta
203. *Los abrazos del mar / Os abrazos do mar*, Montserrat Villar
204. *Fábulas del perro viejo*, Agustín Calvo Galán
205. *Virtudes de la inercia*, Miguel Ángel Real
206. *Diarios del año de las moscas*, Alicia Louzao
207. *Morir en Iguazú*, Javier Díaz Gil
208. *Ser raíz*, Begoña Regueiro Salgado
209. *Honda memoria de mí*, Carmen Conde
210. *La fórcola*, Fernando Sarría
211. *El empeño del manantial*, Jorge Riechmann
212. *La lengua de mi madre*, Miguel Veyrat
213. *La serena estrategia de la luz*, Luis Ramos de la Torre
214. *En el reino de las gatas*, Marta Vusquets
215. *Baluartes y violines*, Manuel López Azorín
216. *Érase que se es*, Olvido Andújar
217. *Cautivos*, Mario Espinoza Pino
218. *Brecha sonora y vibrante*, Manuel Broullón
219. *Ubuntu*, Montserrat Villar González
220. *Con una alita rota*, Daniel María
221. *Borrosas pieles*, JM Barbot
222. *Luz dormida*, Nieves Álvarez
223. *El vertedero (en a)*, Juana Marín
224. *Desvestir el cuerpo*, Jesús Cárdenas
225. *Libro de loas*, Antonio Oliver
226. *Ex Patria*, Marietta Franco-Bourrellier
227. *La densidad de los números*, Luis Ramos de la Torre
228. *mortal*, Jorge García Torrego
229. *Un murmullo en Nueva York*, Elena Arribas Delgado
230. *El óxido de la luz*, Pablo Malmierca

Consulta en nuestra web el catálogo completo.